CACTUS

CACTUS

Catalina Herrero Martín

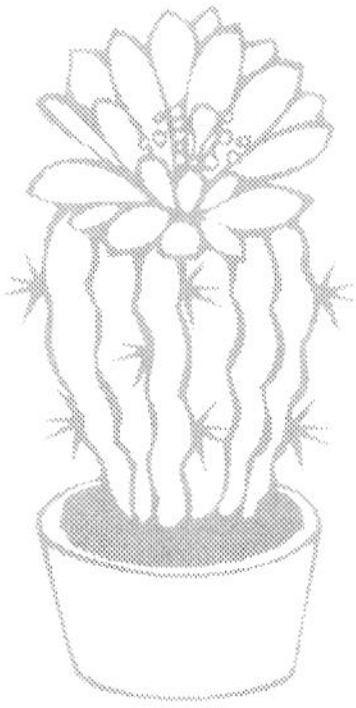

Letrame
Grupo Editorial

Primera edición: mayo 2019

Letrame Editorial.
www.Letrame.com
info@Letrame.com

Diseño de edición: Letrame Editorial.

ISBN: 978-84-17965-09-9

DEPÓSITO LEGAL: AL 1327-2019

Este libro colabora con: Save the Children

IMPRESO EN ESPAÑA – UNIÓN EUROPEA

Porque siempre he sido el cactus que nadie quería abrazar porque pinchaba, hasta que alguien sin miedo se arriesgó y donde había pinchos floreció la poesía.

A mi madre, cada día lucho porque el brillo
de tus ojos no se apague, gracias por quererme.

A mi padre, por enseñarme que el amor no entiende
de números, por enseñarme a vivir.

A mi abuela Mari Carmen, por ser mi primera musa,
siempre escribiré por ti, para ti.

A mi abuelo Fede, por ser eternamente joven,
porque tu luz sea eterna.

Índice

Etapas

Toda mi vida han sido cambios, un tiovivo en el que no ha parado de entrar y salir gente, aunque a veces haya salido más gente de la que ha entrado. Mi vida se ha disparatado en todos los sentidos con ausencias que me han dolido hasta hoy, he cambiado de amistades que me han hecho cambiar la forma de ver las cosas y he estado tan sola que aprendí a quererme a mí.

Nunca he sabido exactamente qué quería ser o cuál era mi vocación, hasta que descubrí que escribir me curaba. No sé qué será de mí mañana, pero sé que seguiré escribiendo.

Cuando mi vida parecía algo ordenada descubrí algo que dolía como el amor y, aunque eso no fuera amor, dolía como tal. No me arrepiento de haber sentido, pues gracias a eso y al daño descubrí lo que me gusta, escribir.

He escrito algo a todas y cada una de las personas importantes que han pasado por mi vida y la mayoría no lo saben. He perdido pilares que creía fundamentales, pero gracias a ellos he descubierto quién está de verdad.

Adelante, empieza a leer. No es un libro, es mi vida, convertida en etapas y en todas las cosas que me han pasado. Si buscas poesía, deja de leer, esto es algo más que eso, es la madrugada que me quede despierta porque a mi mejor amiga le rompieron el corazón y no podía parar de llorar, es la niña que no quería ir al colegio porque lo odiaba convertida en alguien que pisa fuerte, es el dolor de la mano fría al perder el contacto con mi padre, es la fortaleza de mi madre cada domingo, es el esfuerzo por encajar, es un corazón destrozado que busca enamorarse, es el llanto al leer mi historia en alto; soy yo, reflejada en palabras que nunca he sabido decir. Adelante, empieza.

Soy Catalina, y esta es mi vida, resumida en palabras que espero que dejen mella en alguno. Esta es la forma que tengo de intentar no ser olvidada, aunque estas palabras nunca se vayan de la eterna memoria de mi padre y la sonrisa infinita de mi madre, este libro va por ellos, gracias por creer siempre en mí.

Abrazos rotos

Punto final

Me pregunto por dónde andas, cómo eres de feliz ahora, sin ataduras, que si chicas a las que invitar a copas o si vuelves a compartir cigarros a pachas, si sigues comiéndote bocas con sabor a ron esperando que alguna te haga sentir algo. Qué será de ti ahora.

Por aquí las cosas siguen más o menos igual, aunque hay otras que han cambiado por completo. Sigo oliendo a la colonia que siempre decías que solo olía a mí, sigo teniendo esas manías tontas de las que te burlabas siempre, sigo llevando la pulsera, sigo poniéndome nerviosa al ver tu casa.

Hay cosas que han cambiado y ni siquiera te darás cuenta, no sé si sabrás que vi esa estúpida peli que íbamos a ver juntos, no me gustó, no acaba bien, a pesar de que me decías que no entendería el final. No sé si sabrás que ya me gusta el sushi y que hoy hace un día perfecto para ir a ese restaurante japonés al que me decías que teníamos que ir. No sé si sabrás que he dejado las series tontas, que veo una en la que el protagonista me recuerda a ti, y seguro que te encantaría. No sé si habrás solucionado tu problema con la batería del móvil o si seguirás siendo tan desastre. No sé si sabrás que el otro día te confundí con un chico por la calle y el corazón me fue a mil por hora, aún no estoy preparada. Anoche me acordé de la historia que me contaste, me pregunto cómo acabó al final, ojalá pudiera preguntarte. Me pregunto si sabrás que me aprendí esa estúpida canción que cantabas siempre y que soy incapaz de escuchar Saturno. Me pregunto si aún sigues alguno de mis consejos, yo sigo alguno tuyo aún.

Sigo pensando en el día que coincidamos en una fiesta, no sé si te saludaré como si nada o si me haré la loca; en los dos casos me temblará hasta el alma. No sé si sabes que me quiero cortar el pelo como te dije y que cada vez que lo pienso me viene a la cabeza tu cara de horror. El otro día pasé por nuestro sitio y sé que nos echa de menos, se pregunta qué fue de nosotros, yo también me lo pregunto.

Me pregunto cómo recuerdas nuestra historia, qué piensas cuando oyes una voz parecida a la mía o cuando oyes a alguien que habla como yo. Me pregunto si sabes que el otro día alguien hizo un comentario que me repetías día a día y me sacó de quicio porque no era tu voz.

No sé si sabrás que sigo escribiéndote cada madrugada, que me sigo acordando de ti a pesar de que prefiero que no sepas nada de mí.

Me pregunto si algún día, por cosas tontas, nos dará por poner un punto final a la historia.

Volver

He vuelto,
sí,
he vuelto
a nuestro sitio.
Bueno,
donde empezó todo,
y creo que aún no estaba preparada.
Aún pienso en ti
y hoy,
joder,
hoy me ha temblado hasta el alma.
Nos he visto ahí,
aquella noche,
siendo felices.
He visto cómo nos despedíamos,
cómo nos saludábamos,
cómo nos buscábamos.
He visto lo que nos reíamos.
Me he visto feliz.
¿Sabes? Hace tiempo que no sonrío así.
Me he mirado la muñeca
y llevo la pulsera que llevabas tú ese día,
y me ha quemado.
Me abrasaba el brazo sabiendo que no estaba en su sitio
y que en tu mano estaría mejor,
y tu mano
junto a la mía.
He visto tantos recuerdos
que pertenecen al pasado,
a los que fuimos,
dos locos sin miedo a perder.
Ojalá habernos perdido esa noche
y no haber vuelto nunca
a la realidad.

No sé si me echas de menos,
si recuerdas el lugar,
si te acuerdas de mí,
no sé si esa noche sigue siendo importante para ti,
pero yo
en esa noche
me quedaría a vivir.

A medias

Hay cosas que no acaban, historias a medias, finales que no terminan, libros que no queremos acabar, amores que tampoco, películas de las que esperamos una segunda parte y nunca sabemos con certeza si llegará.

Historias que nos llegan tanto y tienen un final tan tonto que nos aferramos a ellas, a pensar que no es el final, que habrá algo que termine nuestra historia de manera que no duela.

Quizá dentro de unos años, cuando nos hayamos perdido la pista, nos encontraremos de nuevo, quién sabe cuándo o dónde, y temblará todo por dentro, quizá intercambiemos cuatro palabras, o una mirada solo, o quizá, con un poco de suerte, acabemos tomando una cerveza o un café.

Te miraré a los ojos, tan distinto, tan irreconocible, buscando los restos de la persona que fuiste conmigo, y no quedará nada, salvo el brillo de los ojos, y no sé qué pensarás, qué pensaremos, qué sentiremos, pero a mí me temblará hasta el puto corazón, igual que lo hace ahora cuando alguien me aprieta fuerte el brazo y sé que estás a apenas unos metros, o cuando alguien sin querer pronuncia tu nombre y no tengo fuerzas para decirles que se callen. Me recorre un escalofrío cuando suena nuestra canción, bueno, la tuya, ya no hay un nosotros; sin embargo, no te echo de menos, espero paciente ese final esperado, que acabe con esta historia intensa, así que te espero en el final de nuestra historia, no tardes o, bueno, tarda, no me importa, pero ven.

Coincidir

Freud decía que las coincidencias no existen, que cuando nos topamos con alguien de casualidad es porque ya lo habíamos visto antes por el rabillo del ojo y lo dejamos pasar, pero se queda ahí, en nuestro subconsciente y no paramos hasta conseguirlo.

No sé si creo en las coincidencias, pero creo en el destino, en que las personas aparecen de la nada, cuando menos te lo esperas pero más lo necesitas, y aparecen para salvarte, para hacerte feliz, y te aportan lo que te hace falta, aunque tú no lo sepas.

Hay casualidades que llevan a reencuentros, a personas que habías olvidado y que reaparecen de la nada, dando un giro de 180 grados a tu vida, para después irse, dejándolo todo patas arriba. Creo que las mejores personas aparecen por casualidad, o destino, o como quieras llamarlo. Creo que las cosas empiezan antes de lo que pensamos, y nos damos cuenta tarde de la felicidad que nos aportaban esas pequeñas casualidades. Y es que a lo mejor hace ya demasiado tiempo que no nos brillan los ojos de verdad.

Y creo que el secreto del futuro está en mirar bien, en avanzar, en mirar cerca, más cerca, tan cerca que de repente todo tiene sentido, que hay cosas que pasaron antes, mucho antes; que empezaron sin que nos diésemos cuenta.

Será cierto lo que decían, que hay personas que aparecieron antes y entraron en nuestra vida en el momento justo, y cuando lo has perdido, empiezas a mirar de cerca, tan de cerca que lo ves todo claro, y ves en el rabillo del ojo que todo lo especial empieza antes de lo que creemos y, cuando te das cuenta, ya lo has perdido todo.

Y los ojos siguen sin brillar de verdad.

Noches

Te escribo en noches impares,
noches en vela.
Pienso en ti,
en qué estás haciendo,
en qué estarías haciendo a mi lado,
en cuántas chicas has intentado que ocupen mi lugar,
en si crees en que un clavo saca a otro clavo,
en qué piensas cuando alguien lleva mi colonia
o en si te recorre un escalofrío cuando oyes al final de la calle una voz parecida a la mía,
o si se te acelera el corazón cuando te preguntan por mí.
Pienso en qué haces cuando de repente te encuentras con la nota de tu habitación,
entre los apuntes,
la nota de ese día,
que no me creo que hayas tirado.
En si sabes que hay veinte mensajes en mi móvil
que escribo y borro una y otra vez
porque no merece la pena una última oportunidad.
Ya no puedo hablar de ti,
tengo harto a todo el mundo
y se empeñan en que te olvide,
pero sigues aquí
y de vez en cuando alguien dice tu palabra favorita
o la frase que repetías tanto
y me hace temblar
y aunque no lo sepan
sonrío.
Hay veces que leo tus mensajes
cuando tengo miedo
y quiero sentirme en casa.
Ayer te vi después de mucho tiempo
y no te eché de menos.

No te eché de menos porque la persona que eres
no la conozco.
Ojalá volvieras a ser tú.

Recuerdo cuando te miraba
y me ponías cara de no haber roto un plato en tu vida,
y yo me reía
sabiendo que, en mí, lo habías roto todo,
pero siempre encontrabas la forma de arreglarlo.
Hay días que pienso en ti,
en que ojalá nos encontráramos por casualidad,
esa en la que creo desde que te conozco.
Ya sabes cómo somos,
despedirnos mucho tiempo nunca ha sido lo nuestro,
y menos mal.
Hay días que recuerdo tus abrazos
y me entra frío,
casi más que cuando alguien me dice que te ha visto.
Fuiste una historia de amor de verano,
historia
de
amor
(quiero llamarlo así, aunque no lo fuera exactamente).
Fuiste esa historia tonta
que ha dado juego todo el invierno.
Siempre me repiten que me olvide de ti,
como si fuera tan fácil.
Ojalá te conocieran como yo
o no,
casi mejor déjame conocerte solo a mí de esa forma.

El otro día te vi con una chica de la mano,
oí algo roto,
creo que iba por dentro,
y descubrí que por fin
había llegado el final de lo que nunca acaba,
y ahora me debato entre reír o llorar
sabiendo que lo mejor es que acabe.
¿Qué me has hecho?

Instantes

La canción que suena de repente, la peli que ves en bucle, el sueño que se te queda grabado, el día que no puedes olvidar, la confesión que le haces a tu mejor amiga, la confesión que te admites a ti mismo, las películas que te montas antes de dormir, la pulsera que perdiste a cambio de ganar a alguien, el regalo inesperado, oír la palabra que estás pensando, escuchar una canción en el momento más inesperado que describa lo que te pasa, ese texto que parece escrito para ti, las indirectas directas, los recuerdos del sábado por la mañana, pasar por esa calle y desear que bajes, cruzar la cara al pasar por tu edificio, todo lo que me recuerda a ti, el mensaje de «ya estoy en casa», un «te echo de menos» atascado en la garganta, pasar por ese sitio tan especial, los mensajes destacados que te prometes no volver a leer, la resaca que prometiste que no volverías a tener, la noche que juraste que no volverías a repetir, la nota que se cae de aquel libro que no abrías desde aquella vez, el reencuentro inesperado después de tantos años, el perfil que te sale siempre el primero, el vídeo que no sabías que tenías y en el que aparece la persona que ya no tienes, la fecha que te recuerda tanto a alguien, la escena de la película que significa tanto, la risa al mirar a tu mejor amiga, el brillo de los ojos, la sonrisa torcida, la cara con la que miras a ese chico especial, la llamada que te aparece en el registro, el chat que juraste borrar, la lágrima que amenaza con salir, el chico del que te enamoras por la calle, la falta de inspiración desde hace tanto tiempo, el cumpleaños que recuerdas aunque no le felicites, la falta de cariño un sábado por la noche, el deseo de las 00:00, dar un abrazo muy fuerte, la colonia de chico, la marca del bikini.

Todos estos recuerdos al apagar la luz, alguna tarde de reflexión, y pensar que ojalá volvieras. Ojalá.

Mentiras

He vuelto a leerte
a pesar de que me prometí que no lo haría.
He vuelto a leer cada uno de tus te quiero,
cada uno de los vuelve,
los «te echo de menos» que han cambiado tanto.
He leído los mensajes de amor
en los que me dolía la barriga de reír,
en los que no había dolor
ni corazones rotos
ni palabras vacías.
He vuelto a recordarte,
Tu risa,
Tu mirada.
He vuelto a recordar todo lo que me decías,
no en pantalla
ni en papel,
sino con la mirada.
He recordado cuando aún estabas,
cuando éramos,
en plural,
cuando me hacías tan feliz.
He pasado por ese banco tan especial.
He cruzado la carretera que siempre cruzábamos juntos,
sola,
con frío,
y no porque sea invierno.
El otro día pasé por tu portal,
sin querer subí la cabeza,
a ver si con suerte te veía apoyado en la ventana
aunque con miedo
de verme ahí contigo
esa fría tarde de invierno.
He visto que ya han estrenado esa peli que queríamos ver juntos.

He abierto un libro y tenía tu nombre escrito en el margen,
con una sonrisa amarga no he podido borrarlo,
tampoco las conversaciones.
Sigo girando la cabeza cada vez que paso por tu edificio,
rezando porque bajes
y el destino decida juntarnos.
Sigo mintiendo,
sigo diciendo que no me importas,
sigo gastando folios esperando acabar esta historia de manera que no me haga daño.
Sin embargo, fuiste.
En pasado.
Una historia cerrada.
Ahora me quedan los recuerdos,
me quedan los momentos
y las risas,
las miradas.
Tú ya no.
Te perdono,
todo.
Porque, aunque me enseñaste tanto,
también me enseñaste que peor que el odio es la indiferencia
y qué satisfactorio saber
que me das igual,
aunque sea mentira.

Soltar

Hay sitios a los que es necesario volver, aunque duela, es necesario ir, verte allí, lo que fuiste y lo que eres ahora, es necesario verte allí, riendo, llorando, o como sea ese recuerdo, es necesario volver, soltar un suspiro en el que quepa todo lo que sientes, es necesario soltar para seguir con tu vida, es necesario que duela, para dejar ahí el dolor, cerrar la historia y ver que estás mejor ahora, es necesario dejar de aferrarse a recuerdos que duelen tanto, hay sitios en los que echar de menos es necesario, en los que hay que despedirse, poner un punto final, y dejar ahí la historia.

Y seguir adelante.

Efímero

Qué poco tiempo duró todo,
cuántas cosas nos quedaron pendientes,
un café,
una crepe en mi sitio favorito,
algún te quiero tímido,
enseñarte algo que me hubiera marcado,
alguna foto para recordarte,
robarte alguna sudadera,
seguir ignorando el móvil cuando estábamos juntos,
darte la mano,
algún baile,
conocer a tus amigos,
algún abrazo que ahora necesito,
hacer alguna canción nuestra,
que supieras lo que me importabas,
decirnos tantas cosas.
Y fue bonito
mientras duró,
y a lo mejor no me has dejado eso,
pero me queda nuestro sitio,
una foto robada,
secretos,
risas,
casualidades.
Quién sabe si volveremos a coincidir.
Nos conocimos casi sin querer
y ojalá
dentro de un tiempo,
con las cosas claras,
la mente madura
y el corazón tranquilo,
nos volvamos a encontrar,
casi sin querer, queriendo
y sonreír.

Alguien

Todos queremos a alguien, alguien que se quede con nosotros a pasar el invierno, que de vez en cuando nos diga que nos echa de menos y que pierda el culo por pasar un ratito a nuestro lado, queremos a un capullo, pero de los que molan, de los que nos atrapan pero que son más buenos que el pan, queremos a alguien que nos deje su chaqueta cuando tengamos frío, que nos acompañe a casa, que nos dé la mano, que nos mire y se ría y nunca sepamos el porqué, queremos a alguien que tenga las ideas claras, bueno, o no, que no tenga nada claro en la vida pero que no nos haga líos. Queremos a alguien a quien le dé miedo perdernos, que nos dé una sorpresa de vez en cuando o nos haga algún regalo tonto, alguien con el que podamos hablar de todo, que nunca nos cansaríamos de estar con él, alguien a quien mirar y ver que te mira, y que no nos cansaríamos nunca de estar a su lado, alguien en quien confiar, que dé igual que salga de fiesta o se pille un pedo, porque confías en él. Queremos a alguien que nos haga reír más que nada en el mundo, necesitamos reír, alguien que no nos haga dudar, alguien que nos enseñe a vivir con calma y que la vida es simple y la gente tonta la complica. Queremos a alguien que nos quiera y que nos complete. Queremos a alguien que se ría de lo que piense el mundo y no quiera soltarnos nunca. Queremos a alguien que no sea como esperábamos, que sea mejor, conocerlo por una cosa tonta y que acabe siendo importante, alguien que nos marque con chorradas y haga que nos acordemos de él con tonterías. Queremos a alguien a quien querer, y que nos quiera.

Diferencias

Me he dado cuenta de que no hay nada más importante que el interés,
las ganas,
arriesgar.
Que, si alguien quiere verte,
se inventa los minutos,
le da igual irse a cualquier parte
con tal de verte un rato.
Que las relaciones
son cosa de dos.
Que nadie cambia de un día para otro,
que siempre se repiten los errores
y siempre vamos a volver a las personas que nos hacen daño
porque nos hacen sonreír un rato.
Que nadie cambia a nadie,
cada uno es como quiere,
aunque te duela y te intentes convencer,
nadie va a cambiar por ti.
Que prometer,
prometen todos,
y que cumplir,
solo unos pocos.
Que dar sin recibir
al final te cansa.
Que la diferencia está entre
«para cinco minutos no voy»
y «aunque sean cinco minutos».

Lejos

Y que sí,
que te echo de menos,
y no sabes cuánto.
Que cada vez que me distraigo
encuentro algo que me recuerde a ti.
Que has conseguido formar parte de mí.
Pero no,
no quiero que vuelvas,
nunca más.
Te quiero,
pero bien lejos.
Quiero que te olvides de mí,
de mi nombre,
de mi risa,
de mi forma de ponerme roja
con cualquier chorrada
que incluyera tu mirada,
de mi humor tan raro
y mi forma de picarme,
de mi mala costumbre de llegar siempre tarde
y de cómo eras conmigo.

Ojalá, cuando me hayas superado,
me veas
riéndome a carcajadas,
poniéndome roja con cualquier piropo,
siendo feliz
o enfadada,
con todos
o con nadie,
sonriendo o seria,
por alguna calle perdida
o por la misma Gran Vía.

Ahí te acordarás de mí
y de mi forma de reír,
me echarás de menos,
como lo hago yo ahora.
pero vete,
te quiero
pero bien lejos.

Despedida

Que a veces es mejor perder a alguien que perder el tiempo, que se ve que a tu lado al final no ganaba tanto, que de todo se sale, que todo pasa y todo queda.

Todo pasa, pasa el tiempo, pasa la vida y, sin darnos cuenta, nos anclamos al pasado, a una persona o a una historia que no queremos reconocer que se ha acabado.

Pasa la gente por nuestra vida y tú viniste y ya te has ido, de nada sirve pensar «qué hubiera pasado si...», tampoco sirve atormentarme esperando a que vuelvas, porque sé que no lo vas a hacer.

Te mentiría si te dijera que no espero que vuelvas, porque siempre queremos que dure todo un poquito más.

Todo pasa y todo queda, me quedan las risas, momentos, no me quedo contigo, porque tú ya te has ido.

Todo pasa y todo queda.

Hasta siempre, sé feliz.

Preguntas sin respuesta

Paso página
mientras tú cierras el libro
y me resulta inevitable pensar cómo será ella,
si le gustará lo mismo que a mí,
si paseas de la mano con ella por nuestro sitio
o habrá otro lugar que sepa vuestra historia,
si su risa te gusta tanto como la mía
o te estremecerá porque echas de menos mis carcajadas,
si le pones motes estúpidos
o simplemente la llamas como todos,
si le cuentas todas las tonterías que te rondan por la cabeza
o habláis de temas monótonos,
si le pides consejo como me pedías a mí
o sigues haciendo lo que te da la gana,
si ella también odia que fumes
o compartís los cigarros,
si su voz te hace temblar
o si su colonia huele parecida a la mía,
si le riñes por tus manías tontas
o si ya le has dicho que odias las Converse atadas por arriba,
si hablas con ella de madrugada
o si te llama porque tiene miedo,
si sigues siendo tan inútil para decir cosas bonitas
o se te escapan los te quiero sin sentirlos,
si preguntas por mí
o con ella te sobra,
si sabe nuestra historia
o la has borrado de tu cabeza,
si te escucha los problemas
o simplemente no se los cuentas,
si te escribe notas tontas
o no es de esas,
si te cuida,
si te hace feliz.

Todas esas cosas que me pregunto
mientras solo quiero que te haga sonreír
y que poco a poco cumplas todo lo que un día me dijiste que querías,
yo también cierro el libro,
pero necesitaba despedirme,
espero que esta historia acabe mejor.

Nos vemos en el próximo capítulo,
hasta entonces
sé feliz.

A Mónica Gae y su poemario *Instrucciones para abrazar a un cactus.*
A Nico, por dejarme escribirlo.

CACTUS

Una vez leí que si abrazas a un cactus el tiempo suficiente desaparecen las espinas, hasta que me di cuenta de que no, que quizá solo te acostumbras al dolor. Quizá esa sea un poco la frase que resuma mi vida, que ha estado plagada de ellos y, con la misma curiosidad que mató al gato, he abrazado a cada uno que se me aparecía por delante. He aprendido mucho, me han dolido muchas cosas y, cuando digo cosas, quiero decir personas, me han hecho daño tantas personas que creo que ahora me quedan restos de lo que un día fui y, sin embargo, sigo arriesgando, cada vez que tengo la posibilidad, aun sabiendo que no va a salir bien.

La primera vez que escribí algo fue a mi abuela, yo tenía 10 años y era su cumpleaños, nunca he sabido por qué lo hice, sin embargo recuerdo sus lágrimas al leerlo y que entonces dejé de plantearme la pregunta.

Lo pase muy mal en colegio por intentar encajar en un puzle en el que nunca ha habido sitio para mí, me refugié en mí misma y cambié por completo, creo que sigo teniendo cicatrices de todo lo que lloré, creo que cuando algo te marca mucho nunca se va del todo.

Conocí lo que era la distancia a base de abrazos los viernes y despedidas los domingos, en ese momento vi que el amor no entiende de números y que los únicos que importan son los nueve que marca mi madre todas las noches para seguir contándole a mi padre qué tal le ha ido el día.

He sabido que era un vacío cuando me miraba la mano yendo al colegio y faltaba la de mi padre, hasta que me di cuenta de que, cuando era pequeña, en mitad de la calle había un andamio y siempre que íbamos juntos nos soltábamos la mano en los barrotes y, cuando acababa, me estaba esperando para darme la mano otra vez. A lo mejor eso ha sido lo que ha hecho que durante años no me doliera tanto despedirme, porque sabía que cuando se acabara, llámalo andamio, distancia o semana, ahí estaría mi padre para darme la mano.

Cuando mi vida parecía un poco estable conocí a algo que dolía como el amor, aunque no lo fuera, creo que fue ahí cuando me di cuenta de que sí, las personas cambian, pero no a bien. Al final eran el contexto, las circunstancias, las ganas de algo diferente lo que me llevaba a él, fue ahí cuando descubrí lo que era escribir sobre el amor, aunque no fuera amor, ni esto poesía; fueron las ganas de abrazar a un cactus empeñada en que las espinas pasarían, hasta que me di cuenta de que dolía más quedarme que marcharme.

Poco después apareció alguien en mi vida que fue como un bote salvavidas en una tormenta que daba ya por perdida. Alguien que abraza cactus sin parar. Y hemos aprendido a sacarnos las espinas la una a la otra.

He ido contando los días que faltaban para mi cumpleaños desde que vi que era una excusa para que mi padre apareciera por sorpresa, desde que implicaba que mi madre me hiciera una corona al despertarme y verla sonreír cuando no me la quitaba el resto del día.

He conocido mucho mundo, en personas, en libros y en rincones recónditos de ciudades perdidas, he visto que no hace falta mucho para sacarte espinas del corazón.

He visto lo importante que es el interés, las ganas y distinguir entre quien merece la pena y quien se merece la pena. Que peor que tener excusas es convertirlas en motivos. Que siempre, siempre hay luz al final del túnel y que hay personas que te salvan del mundo.

He conocido los brazos a los que siempre voy a volver, los que se han convertido en hogar y me recuerdan quién soy y cuál es mi lugar. Tiene los ojos verdes y una sonrisa enorme, y de vez en cuando me da impulso y me recuerda que todo pasa por algo, que estamos destinados a ser felices.

He aprendido dónde está mi hogar y siempre querré volver a él, al brillo de los ojos de mi hermana, a su sonrisa de pilla, a la forma en que me mira; volver al abrazo de mi hermano, a sus palabras de cariño y a su corazón infinito.

He aprendido a ser fuerte, a expresarme con palabras y a callar a tiempo, y aun así, sigo sin saber qué decir de mi madre, de su sonrisa infinita, de su fe inquebrantable en que voy a ser grande, sigo sin saber describir cómo me sentí cuando la vi llorar al leerle mi primera poesía, con esos ojos que me decían que estaba orgullosa de mí. Y que quizá ella sea la clave de todo, la forma en la que cuida el cactus que hay en la terraza que, al fin y al cabo, son ganas de hacer bonito algo que hace daño, y quizá sea eso, que hay cactus que aun sabiendo que hacen daño, nos empeñamos en cuidar, nos empeñamos en intentar que dejen de hacer daño y empiecen a florecer, sacar lo bueno de lo que te hace daño.

Y a pesar de todo, del daño, de las lágrimas, volvería a todos y cada uno y volvería a clavarme todas y cada una de sus espinas; porque sin ellas, no sería yo, no sería así. He abrazado tantos que ya se de cuáles alejarme y en cuáles permanecer, y quizá tengan razón, si abrazas al cactus acertado, no duele.

Así que espero que sepáis que en ningún momento he hablado de cactus, hablo de personas, de momentos, de etapas que me han cambiado por completo. Y quizá sea cierto, han desaparecido las espinas, se han convertido en poesía, en sonrisas, la forma en la que al fin y al cabo he acabado afrontando la vida.

Retazos

Para LyN

1+1

1+1
no siempre es igual a dos.
Hubo un tiempo
que 1+1
era igual a nosotros
y ahora
volvemos a ser tú y yo
muriéndonos por volver a ser nosotros.

Fachada,
distancia,
apariencias,
y tú y yo mirándonos de lejos,
echando de menos a los niños que fuimos
y que ojalá volviéramos a ser.

Pero cae la noche
y con ella
la cordura,
el miedo
y las apariencias.

Y de pronto te conviertes en mi sitio favorito
y bajo la única mirada de la luna,
flaqueamos
y nos rendimos en un beso
donde caben todas las palabras que no nos hemos dicho,
todas las miradas que siempre han significado tanto.

Y el mundo se para
porque borramos el tiempo con un beso
que nos traslada a lo que fuimos,
a lo que siempre seremos.

A ver si dejamos de hacer el tonto,
porque 1+1
volveremos a ser nosotros.
Pero hogar
siempre será igual a ti.

Soy

Soy los pasos cansados que se hartan de andar sin llegar a ninguna parte.
Soy la niña pequeña que envidia la colección de muñecas de sus amigas.
Soy la mirada cabizbaja cuando te acaban de romper el corazón.
Soy los ojos tristes de una madre al saber que su hija está llena de dolor.
Soy las lágrimas de una niña cuando sabe que su padre no irá a su función del colegio.
Soy la mirada tímida al chico que te gusta.
Soy la sonrisa falsa que responde al «¿todo bien?».
Soy el chocolate que no se toman porque engorda.
Soy el vestido perfecto que nadie compra «porque es muy caro».
Soy las historias que no he publicado por miedo a que no fueran suficientemente buenas.
Soy pedazos.
Soy la pulsera en mi muñeca izquierda, que tiene más historia que los libros.
Soy la ilusión de mi madre cuando me la dio.
Soy la niña pequeña que se siente princesa al estrenar vestido nuevo.
Soy la adolescente que se maquilla para su primera fiesta.
Soy los nervios antes de salir.
Soy las mariposas cuando ves a la persona que te gusta.
Soy la forma en que miro a mi hermana.
Soy su sonrisa el día de Navidad al abrir sus regalos.
Soy los encuentros con mi padre los viernes.
Soy las lágrimas de mi madre cuando le leí mi primera poesía.
Soy instantes.
Momentos insignificantes
que me hacen ser yo.

Silencio

Los hay cómodos,
de compromiso,
incómodos,
tensos,
bonitos,
tristes,
de recuerdo.

Los hay importantes,
como los que preceden a un primer beso,
como el que hay justo antes de un reencuentro,
o el que hay en el abrazo de una despedida.

Los hay cuando estás triste
y cuando estás tan feliz que no tienes palabras para expresarlo.
Los hay de nervios,
los que preceden al resultado de la prueba más importante de tu vida,
los hay mientras piensas si hablarle o no,
los hay antes de responder si o no.

Silencios.
Todo lo que cabe en un silencio,
cuando las palabras sobran
o no bastan.
Por eso, si te miro en silencio,
es porque me basta.

Vida

He aprendido que estamos destinados a ser felices, que lo que te haga daño lo tienes que eliminar de tu vida, que la vida es muy corta como para desperdiciarla pensando en el qué pasará.

Enamórate, ríe, sal de fiesta, sonríe mucho, salta, grita, llora.

Ahora nada es para siempre.

¿Te gusta un chico, pero crees que te va a hacer daño? Disfruta el momento, si a la larga no es lo que creías, olvídale, no te quedes con la duda.

Sal de fiesta, encuentra amigas de verdad, canta tu canción favorita, destrózate los pies en un concierto, llama a la gente que tienes lejos, de vez en cuando dile a alguien que le quieres, date cuenta de quién te quiere de verdad, vete de viaje, piérdete por el mundo, lee, disfruta de los pequeños momentos, hazle un regalo a alguien especial, haz a la gente feliz.

Solo hay una vida, deja de lado en miedo, aprovecha el momento, estás destinado a ser feliz, relájate.

Arriesgar

Deja de hacer caso a lo que dicen, no dejes que nadie te diga a quién puedes querer, que nadie te quite las fuerzas para intentarlo o la ilusión por enamorarte. ¿Qué son unos kilómetros comparados con la sonrisa y el brillo de tus ojos cada vez que hablas de él? Arriésgate, no dejes que el mundo te diga que es imposible, que esas relaciones no existen. No dejes que palabras de gente que no se ha atrevido a intentarlo te quiten la ilusión, tienes ejemplos a tu alrededor de que las relaciones a distancia funcionan, claro que sí, estamos en la mejor época de nuestra vida, si no hacemos este tipo de locuras ahora, ¿cuándo las vamos a hacer?

Arriésgate, qué más da si al final sale mal, yo estaré aquí, y dentro de unos años solo te acordarás de la sonrisa tonta cada vez que sabías que ibas a verlo y de esa relación tan bonita y a la vez tan lejos.

Que nadie te quite las ganas de intentarlo, de arriesgarte, de querer.

Momentos

La colonia de chico, el primer baño del verano, abrazar muy fuerte, encuentros esperados, la marca del bikini, salir y darlo todo, que un chico guapo te sonría, ir de rebajas y que esté tu talla, la Coca-Cola bien fría, los abrazos muy cálidos, una noche con tus amigas, un «te echo de menos», hacerte una foto y salir muy guapa, la sonrisa de tu madre, que te digan lo orgullosos que están de ti, conseguir algo difícil, que el chico que te gusta te diga lo guapa que estás, oír una canción que describa cómo te sientes, cantar muy alto esa canción especial, ver fotos de hace tiempo, viajar, dar la mano a alguien especial, que te sonrían de verdad, cenar en tu restaurante favorito, perderte por el mundo, que tu abuela te haga tu comida preferida, quitarte los zapatos después de bailar hasta las mil, el «estás negra, tía», que te quiten los *brackets*, que te toquen el pelo, ver el atardecer, levantarte tarde, ir a la playa, ver a ese chico tan especial y que vuelvan las mariposas, las cosquillas, tu helado favorito, que alguien diga «vi esto y me acorde de ti», «ese chico que te gusta tanto te ha pedido solicitud», que te digan que te quieren, viajar escuchando música, dormirte con el ruido de la lluvia, darte cuenta de que eres feliz. Momentos que nos arreglan la vida, el alma, la calma.

Tan mía

Me encantan los abrazos cálidos en noches frías y ver pelis repetidas solo porque me apetece llorar un poco. Me encanta escribir el nombre de ese chico en el espejo cuando está empañado para borrarlo inmediatamente convenciéndome de que será la última vez. Me encantan los pantalones cortos en verano y abrigarme hasta arriba en invierno, leerme todos los libros de la estantería para evadirme un poco de mi mundo e imaginarme mil historias imposibles antes de dormir solo por acostarme con una sonrisa. Me encanta hacerme mil fotos y que no me guste ninguna. Me encantan las risas por la noche con amigas y darme cuenta de que no querría estar en ningún otro sitio. Me encanta sonrojarme por un cumplido y me encantan las sonrisas y las muestras de cariño. Me encanta sorprender y que me sorprendan. Me encanta oír canciones en bucle hasta aborrecerlas. Me encantan los polos en invierno y algo calentito en verano. Me encantan los libros en papel. Me encanta sonreír a desconocidos y que me devuelvan la sonrisa. Me encanta recibir cartas de personas a las que quieres desde muy lejos. Me encanta conocer a personas por casualidad y que se conviertan en imprescindibles. Me encanta querer y que me quieran.

Me encanta ser tan yo,
tan mía,
tan de nadie.

Volar

Y de repente
un día te levantas
y vuelas,
y empiezas a ver lo bonito,
lo bonito que tiene la vida;
el pasear por la orilla
junto a alguien que te hace muy feliz,
las pecas en la nariz,
los ojos que brillan más que algunas estrellas,
un piropo,
la recompensa después de tanto esfuerzo,
un atardecer sin hacer fotos,
abrazar muy, muy fuerte,
un «te echo de menos» que no te esperas,
el olor a mar,
que te regalen flores,
que alguien se acuerde de ti,
encontrar tu sitio favorito,
volver a algún sitio donde fuiste feliz,
encontrar un sitio donde ser feliz de nuevo,
una cena en algún sitio especial,
encontrar un libro que te cambie la vida,
algún mote cariñoso,
un «qué guapa estás»,
ver una estrella fugaz
y pedir un deseo
el mismo de siempre,
que suene en aleatorio esa canción que te quita las penas,
un café con alguien especial,
encontrarte a alguien que no esperas
y que te morías por ver,
la risa de un niño pequeño,
el saber

que hay cosas
que se salvan del mundo,
que te salvan del mundo,
y que nada es para siempre
por desgracia
o por suerte.

Distancia

Otra semana más,
la misma rutina de siempre,
un beso,
que te vaya bien la semana,
te quiero mucho,
se cierra la puerta.
Me doy media vuelta
Para no ver
el dolor
en unos ojos
que echan de menos.
Vuelve,
no me sueltes la mano
que te necesito,
quiero que estés conmigo,
quiero que estés ahora,
aquí,
a mi lado,
secándome las lágrimas
y diciéndome:
«Cielete, no me gusta que llores».
Te echo tanto de menos,
me faltas,
te necesito.

Ella

Bailarina

Porque siempre has sido arte
aunque a veces sientas que no te mira nadie.
Porque siempre has sido independiente
y nunca has sido de ataduras,
que se lo pregunten a los pobres ilusos que han intentado atarte a ellos
que buscaban un alma cuerda
y a ti las cuerdas no te han gustado nunca,
y las únicas que te hacen sonreír
son las que abren el telón
y el mundo
se para
para observar
cómo bailas,
cómo haces magia.
Porque has seguido bailando
cuando la vida te traía pesadillas
y siempre has buscado resorte
en los ojos de los que te querían.
Siempre has sido de silencios,
de intentar pasar desapercibida,
aunque no lo hayas conseguido nunca.
Porque el mundo paraba de girar cuando sonreías
y los ojos te brillaban de verdad.
Porque siempre has odiado el tiempo,
lo rápido que pasa
y lo poco que lo disfrutamos,
y a pesar de eso,
andas despacio,
segura,
la prisa nunca ha entrado en tus pasos.
Cualquiera hubiera dicho que tu belleza no era de este mundo,
lo afirmo.

Los ilusos dirán lo guapa que eres por fuera,
ojalá supieran
que toda tú
por dentro
eres arte.
De ese que quieres meter en una cajita
y quedártelo
para siempre.
Pero eso no es lo tuyo.
Las bailarinas como tú
necesitan
un escenario
tan grande como la vida.

Patria querida

Estaba loca,
loca de remate.
Si tuviera que describirla con una palabra
sería caótica.
Hablaba de arte,
de política,
quería gobernar el mundo,
un mundo donde la gente fuera buena.
Confiaba en que era el amor
el que movía el mundo.
Se enamoraba 20 veces al día
y lloraba cuando era el amor el que no le correspondía a ella.
Se reía fuerte,
muy fuerte,
tan fuerte que paraba todos los problemas del mundo
por un segundo.

Siempre ha sido fiel a su patria
y esta nunca ha sido un lugar.
Quería vivir
en cada uno de los hogares
que tenía por el mundo.
Porque para ella
hogar
siempre ha tenido más de «quién» que de «dónde».
Y ojalá consiga establecer su casa
con alguien que cuente por ella
todos y cada uno de los granos de arena
de una playa infinita.
Hasta entonces,
en mis brazos siempre tendrás un hogar
al que poder volver.

Chica tormenta

Era pequeña,
tan pequeña que te la querías meter en el bolsillo
y llevártela para siempre.
Pero ella no era así,
claro que no.
Ella era una tormenta en agosto,
el primer baño del verano,
los primeros rayos de sol de mayo,
tu helado favorito después de tanto tiempo.
Eso era ella,
verano.
Iba y venía constantemente
como una ola.
Podrías tener suerte
y que te arrastrara con ella,
podía enseñarte los secretos del mundo,
cómo sonreír estando rota,
cómo con su risa paraba todos los problemas del mundo.
Era una chica tormenta,
y buscaba un chico
con el que bailar bajo la lluvia,
pero no apareció.
Ella era una tormenta en verano
y el resto del mundo
simples brisas suaves.
La mirabas desde lejos,
sabiendo
que una vez la conocieras
querías naufragar en ella
y perderte para siempre.
Y una vez la conocías
solo rezabas porque en sus idas y venidas,
al ir y al volver,
poder naufragar en ella.

Y entender por fin
el secreto de la vida.
Que te contara el secreto de la marea,
la mezcla de agua salada:
mar, sudor y lágrimas.
Y nunca había habido una combinación tan perfecta,
solo en ella,
mi chica tormenta.

Almas gemelas

Una vez me dijeron que todos tenemos un alma gemela, no me refiero a alguien del sexo opuesto, ni cuestiones de atracción sentimental.

Me dijeron que estamos hechos a medias y que hay alguien que no nos completa, pero nos enseña a estarlo. Esa persona, esa alma gemela, no la encuentra todo el mundo. Qué suerte tienen los que la encuentran, y qué suerte tengo yo de tenerte a ti.

Me he dado cuenta, después de mucho tiempo, de que definitivamente eres esa alma gemela, esa otra mitad, porque, aunque estemos lejos, no nos hablemos o incluso derrame lágrimas por ti, eres la primera persona en la que pienso cuando me pasa cualquier cosa.

Dicen que estamos conectados con nuestra alma gemela por un hilo rojo, que puede separarse, tensarse y enredarse, pero nunca romperse. Qué suerte tengo de tener ese hilo que me conecta contigo. Gracias por ser mi alma gemela, por ser el hilo que me salva a veces, gracias por ser tan tú, pero más agradezco ser nosotras.

Inseparable

Por estar por encima de todo,
de los novios,
de los corazones rotos,
de las risas sinceras,
de las historias tontas.
Por sacarme siempre adelante,
por cuidarme,
mimarme,
escucharme.
Por protegerme siempre,
por ponerme por delante siempre,
por ser tan cómplices,
por pensar con el corazón y no con la cabeza,
por hacerme daño cuando crees que tienes que hacerlo,
por abrirme los ojos,
por recomponer los pedazos rotos,
por escucharme llorar,
por no alejarte nunca
a pesar de todo.
Por ser la amistad más real de todas,
por no enfadarte por mis mil tonterías,
por cogerme siempre el teléfono,
por escucharme las mismas historias tontas cuando sabes que
necesito soltarlo.
Por apoyarme, sea lo que sea,
Siempre.
Por saber que es para siempre,
saber que eres para siempre.
Porque las amistades entre chico y chica existen,
porque existes,
porque tengo la inmensa suerte de que existes.

La más guapa de la discoteca

El día que la conocí, brillaba. Era de noche y brillaba.

Apareció una noche de septiembre pisando fuerte, metro sesenta en unos tacones que la hacían poderosa, llevaba el pelo larguísimo y una sonrisa que llamaba la atención. Seguía llevando la sonrisa de verano y le quedaba resto del moreno, pero le brillaban tanto los ojos que brillaba ella entera. Esa noche me pareció la más guapa de la discoteca.

No volví a verla hasta meses después, volvía a ser de noche y seguía siendo la más guapa de la discoteca, con el pelo un poco más corto, quizá intentando cambiar, y los ojos un poco menos brillantes, llevaba unos tacones más bajos, pero seguía pisando fuerte. Esa noche no brilló mucho, supuse que habría alguien que la estaba apagando.

No volví a verla, pasó un año y casi me olvidé de ella, hasta que la vi otra vez. No era de noche ni estábamos en una discoteca, pero la reconocí por el brillo de los ojos, que menos mal que no cambia nunca.

Seguía andando fuerte, sonaban sus pasos desde lejos y se veía venir su alma caótica, llevaba el pelo mucho más corto, había conseguido cambiar y supe que había cerrado una etapa. Seguía andando fuerte y los ojos, sus ojos, volvían a brillar. El color café batalla reflejaba todo lo vivido. Y pasó, como pasan las cosas buenas en la vida, una sola vez. Pasó por delante de mí y se fue, pisando fuerte y con los ojos brillando.

Ahora pienso en qué fue de ella, si echa de menos a la niña que brillaba aquella noche en la discoteca, si seguirá cambiando y viviendo guerras, si sabe que un desconocido, una noche tras otra, se enamoró del brillo de sus ojos, ese brillo que no va a cambiar nunca, que va a ser para siempre.

Sigue así

Sigue siendo así.
sigue llegando siempre 5 minutos tarde,
sigue vistiendo con esa ropa tan rara que te queda tan bien,
sigue bailando hasta con la música de los coches,
sigue ganándote todas las miradas de la calle,
sigue riéndote a carcajadas,
sigue llorando en las películas tontas,
sigue llamándome para vernos, aunque sean 10 minutos,
sigue tropezándote con las piedras del camino, siempre te enseñan mucho,
sigue sin tener miedo de caer,
sigue sin saber disimular ni un poco,
sigue haciéndote amiga hasta de las piedras,
sigue llamándome para contarme qué tal tu día,
sigue estando en mi casa como si fuera tuya,
sigue comiéndote el mundo cada día,
sigue siendo tan adicta al chocolate,
sigue lanzándote al vacío conmigo,
sigue soplando las velas a mi lado,
sigue siendo así de alocada,
sigue siendo tan despistada,
sigue con esa inocencia que forma parte de ti,
sigue levantando pasiones,
sigue ganándote las miradas de todos los chicos,
sigue con ese brillo en los ojos.
Sigue brillando toda tú
y sobre todo
no cambies nunca
por nada
ni por nadie.

La reina del baile

Siempre he querido bailar con la más guapa del baile.
Porque la más guapa del baile
baila sola
las canciones para dos.
Bebe ginebra limón
y fuma tabaco del malo.
Llega tarde a todas partes,
la prisa nunca ha entrado en sus pasos.
Nunca sabe lo que quiere,
pero está dispuesta a conseguirlo todo.
La más guapa del baile ríe sin parar,
y le rompen el corazón,
y jura no volver a arriesgar.
Me quedaría dormido imaginando las constelaciones que forman
sus lunares,
y contando cuántos besos tiene su espalda.
La más guapa del baile se enamora del cabrón con sonrisa de chulo,
y del chico listo que le hace sonreír como una tonta.
No anda a cámara lenta
ni lleva a mil chicos detrás.
Está rota como un trapo,
y sus ganas siempre ganan a sus miedos.
La más guapa del baile nunca ha sido guapa de revista,
no es rubia y casi siempre está despeinada.
Llora con esa canción y baila fatal.
Pero tiene el secreto de la vida;
cuando se ríe,
todos los problemas del mundo
dejan de ser tan graves.

Me quedo contigo

Y ahora que no estás solo me quedan los recuerdos de lo que fuimos, de lo que pasó.

De tu sonrisa, de tus historias, de tus manías, de tu forma de mirar, de tus abrazos, de tus gestos, solo me queda acordarme de cómo sonreías con los ojos achinados o cómo me apretabas fuerte la mano si tenías miedo. Me quedo con todas esas cosas que me enseñaste y con lo que me podías haber enseñado, me quedo con tu eterna niñez, tan tú, y con lo madura que eras cuando tenías que serlo, me quedo con las ganas que tenías siempre de hablar, con tus eternas ganas de reír, con tus gestos de cariño, con tus indultos disfrazando cosas bonitas, con cómo buscabas explicación o sentido a todo, hasta a las cosas estúpidas, a tu paciencia infinita, a tu parte rara, a tu parte loca, incluso a tu parte mandona. Me quedo con tus caras raras, tus enfados cortos, las discusiones tontas. Me quedo con tu cara al oír el primer te quiero, me quedo con la primera vez que te vi llorar, con tus advertencias antes de hacer cualquier locura, con tus gustos raros y particularidades, me quedo con tantos momentos… Pero bueno, por quedar, me quedo contigo.

Me gusta(s)

Me gusta el brillo de tus ojos cuando estás feliz,
por muy oscuro que sea el día.
Me gusta cómo achinas los ojos cuando no ves
y que cuando pase algo me digas que lo veías venir.
Me gustan tus carcajadas así, porque sí, por que te has acordado de alguna estupidez.
Me gusta que sonrías cada vez que me ves.
Me gusta la manía que tienes de echarle tres cucharadas de azúcar al café,
queriéndolo endulzar todo un poco más.
Me gusta que muestres interés
y que nunca me dejes irme a dormir enfadado.
Me gusta cuánto quieres a tus amigas.
Me gusta la forma en que intentas que todo el mundo esté contento.
Me gusta cómo te levantas, independiente de lo apoteósica que sea la caída.
Me gusta la forma en que me miras.
Me gusta no saber qué piensas cuando me sonríes porque sí.
Me gusta tu forma de dar abrazos.
Me gusta cada estúpido momento que paso a tu lado.
Me gusta que el tiempo vuele cuando estamos juntos.
Me gusta que siempre intentes que te acompañe a casa
y que sigas pensando que no me doy cuenta.
Me gusta(s).
Me gustas mucho.

Fiel a ti

Me gusta cómo eres,
cómo te ríes a carcajadas de cualquier cosa estúpida,
cómo lloras con todas las pelis tontas del mundo,
que incluso en noviembre me preguntes en qué año estamos,
que siempre llegues esos 10 minutos tarde que ya son costumbre,
que cantes fatal y te dé igual,
que bailes aún peor, pero lo des todo delante del espejo,
que metas la pata cada dos por tres.
Me gusta cómo te pones roja con cualquier cosa,
cómo hay días que te bebes hasta el agua de los floreros
y otros que con una copa vas doblada.
Me gusta cómo abrazas, muy fuerte.
Me gusta que haya días que puedas comerte el mundo
y otros que hasta el aire te llena,
que a veces seas tímida,
pero me gustas más cuando no te callas durante días.
Me gusta que no seas guapa de revista,
que seas guapa a tu manera,
pero guapa a rabiar.
Me gusta que mires a los ojos
y que te brillen tanto.
Me gusta cómo escuchas.
Me gusta cuando vuelas,
y cuando el vuelo de tu falda levanta pasiones,
aunque sigas sin darte cuenta.
Me gusta la magia que se esconde en tus hoyuelos,
que te pases horas eligiendo una peli en Netflix para acabar viendo la misma de siempre.
Me gusta que nunca puedas aguantarte la risa
y que seas tan torpe a veces.
Me gusta cuánto quieres a tus amigas
Y que te enamores por lo menos 5 veces al día.
Me gusta que me llames porque te aburres.

Me gustan tus carcajadas sin venir a cuento,
porque sí.
Me gusta cómo eres,
tan tú,
tan fiel a ti.

Ella baila sola

Ella baila, y baila sola, para que nadie le pise los pies.
Se encierra en los libros para no abrir los ojos a la realidad.
Tiene las manos frías y el corazón caliente.
Cree en el amor como la solución a todos sus males,
sin embargo, cuando aparece alguien, se cierra en banda.
Llora de la risa y sonríe cuando está triste.
Le encanta leer, pero está cansada de tanto cuento.
Tiene los ojos café batalla de tantas guerras vividas.
Cuenta los días hasta verano, pero ella es puro invierno.
Es seria, pero sus ojos sonríen.
Es de *te quieros* sinceros,
sin embargo, los dice demasiado rápido.
Es de corazón noble a pesar de que esté roto.
Podría ser directora de cine
por todas las películas que se monta,
sin embargo, solo quiere ser feliz.
Piensa cosas bonitas antes de dormir
porque cree en los sueños que se hacen realidad.
Quiere mucho y muy rápido,
eso le lleva a darse más de una hostia contra la pared.
No confía en sí misma,
pero sí en cualquier persona que le demuestre que la quiere.
Odia lo que escribe, pero su mente es pura poesía.
Su vida es un tiovivo de personas, pero tiene a una que nunca falla.
Es torpe y se cae sin parar,
sin embargo, ha aprendido a levantarse.
Si le preguntas si es feliz,
seguramente sonría y te diga que lo será.
Y así era ella.
Idas y venidas.
Subidas y bajadas.
Nunca sabías cuánto tiempo estaría en tu vida.
Pero sin duda

una cosa me enseñó.
Al subir y bajar,
al ir y volver,
en todas las etapas de tu vida,
te acordarías de ella,
de su locura,
de su cordura,
de su forma de ser.

Estaciones

Amor de verano I

Fue un amor fácil,
de puestas de sol y playa.
Un amor de los que aparecen sin que te lo esperes
y te hacen que el invierno no llegue nunca.
De verte tan, tan guapa con la marca del bikini y una sonrisa siempre puesta.
De felicidad en estado puro.
Un amor con sabor a sal.
El primer beso que te seguirá acompañando en septiembre.
Ese amor en el que el mundo se te para
solo por un segundo
mientras duermes a mi lado en la playa.
Ese amor que te transmite la calma en una mirada clara que refleja las olas del mar.
Ese amor tan intenso que te hace pensar durante todo el invierno.

Un amor de guitarra de fondo y libertad.
Un amor de canción tonta,
que en invierno suena
y sin esperarlo
te hace temblar.
Un amor que el 1 de agosto abraza fuerte,
sabiendo que queda lo mejor,
pero que empieza la cuenta atrás.
El beso del 31 de agosto
que quema
y te deja helado.
El abrazo que sabes que dice adiós
y la última puesta de sol.
Un amor de los que recuerdas en las tormentas de octubre y sonríes.

Los días que me acuerdo de ti,
moreno y con sonrisa perfecta,
con tu risa acompañando a la brisa que trae el olor a mar,
y me quedan los recuerdos de aquel verano,
los atardeceres,
la playa,
y tu risa de fondo.

Año nuevo

Dejo atrás otro año, un año magnífico en el que he reído hasta llorar y he conocido personas que han conseguido que me ría cuando no puedo parar de llorar, he perdido a seres queridos y he conocido a personas que ahora son imprescindibles.

He paseado descalza de madrugada por el dolor de pies de tanto bailar, he cantado hasta quedarme afónica, he roto reglas, he hecho locuras de las que me arrepiento y otras que repetiría mil veces.

He conocido nuevos mundos, tanto en personas como en lugares. He querido y me han querido, me han hecho daño y espero no haberlo hecho yo, he descubierto quién me quiere y quién me cuida, quién me hace daño y quién es tóxico, he dejado atrás a personas por las que he derramado lágrimas y las llevo en el corazón.

He pasado uno de los mejores cumpleaños de mi vida, he ganado experiencias y amistades, he ganado risas al lado de gente que merecía la pena, he perdonado mucho, he ampliado fronteras y, sobre todo, me he reencontrado con gente que quería y me he reencontrado conmigo misma, y este año solo pido ser feliz y que no me falte alguien a quien querer, y que me quiera.

Queridos reyes magos

Queridos reyes magos:
No vamos a concretar si este año he sido buena o no,
ha sido un año intenso.
No voy a pedir chorradas materiales
que en unos años ni recuerde.
Este año he conocido a muchas personas
que han desaparecido,
que me han hecho daño,
que me han hecho feliz
y que han puesto mi mundo patas arriba.
Así que, entre vosotros y yo,
el móvil nuevo no me hace tanta ilusión,
casi prefiero conservar a mi lado a todas estas personas.
A pesar de que sé que llegará,
no os llevéis a nadie de mi vida este año,
aún no estoy preparada.
Os pido un verano inolvidable.
Quién sabe, a lo mejor este año aparece ese chico especial.
Pido reír mucho,
cantar hasta no tener voz,
bailar hasta caer rendida
y ser tan, tan, tan feliz que no me dé ni cuenta.

Verano

Ya empieza la época de pantalón corto y sonrisas en la cara, de ir aprendiéndose las canciones del verano para cantarlas a pleno pulmón a cualquier hora del día. Empiezas a ver a la gente más guapa, gafas de sol y felicidad es la mejor combinación, empiezas a ver ropa de color y a gente intentando coger un poco de sol, empieza a dejar de importar eso de no dormir, qué más da, es verano. Empieza el tiempo de callejeo, de terrazas, de helados congelados, empieza el tiempo de playa, de a ver quién coge mejor sitio, empiezan los paseos nocturnos al lado de gente que te hace muy, muy feliz. Empieza a ser tiempo de reencuentros de esos amigos de vacaciones, empiezan las promesas de hablar todo el verano que sabes que no se van a cumplir, empiezas a pensar en ese amor de verano, piel morena y ojos claros, empieza a salir reggaetón de las ventanillas y a bailar lo que te echen, empieza la temporada de festivales y ampollas en los pies que ni duelen, empieza el tiempo de que te tiren con ropa a la piscina, empiezan las comidas improvisadas y los pelos aclarados, empiezan las pecas en la nariz y los abrazos muy, muy fuertes. Empieza el tiempo de recordarlo todo con todo lujo de detalles porque septiembre será época de confesiones, empiezan los juegos de cartas sin parar, empieza a dejar de importante no saber bailar, en verano todo el mundo sabe, empieza la época de cometer errores justificados con «qué más da, es verano», empieza la temporada de ser feliz, de salir, de ser eternamente joven, de intentar vivir en un verano permanente, empieza la temporada donde todo vale, todo cuenta, todo cambia, todo lo que quieras hacer, es el momento.

Agosto

Agosto, dicen que es el mes que siempre cumple las expectativas, que pase lo que pase no pasa desapercibido. En agosto todo cambia, nunca te deja igual, agosto es el mes en el que todo vale, todo cuenta, agosto es el mes de la magia, sus 31 días te atrapan y pasan volando; sin embargo, dan historias para todo septiembre. Dicen que te duermes un 31 de julio y te levantas el 1 de septiembre, preguntándote dónde está ese mes que tanto ansiábamos. Agosto es el mes para ese amor de verano que da sentido a todo el invierno. Agosto siempre es especial, da igual dónde vayas o dónde estés, es el mes de las risas, las sonrisas contagiosas, competir por ver quién tiene más marca de bikini, saber a sal todo el día, de no pisar tu casa, es mes de alegrías, de encuentros, aunque también de despedidas, agosto es mágico, único y especial, agosto son historias, recuerdos y sonrisas.

Agosto es pura magia.

Agosto eres tú.

Amor de verano II

Empezó como se supone que empieza todo,
amor de verano,
agosto,
apareces,
sonríes,
y magia.
Amor de verano se llama,
pero, como el verano,
esto se acaba
y agosto se va,
y llega septiembre.
Pero tú
sigues en mi mente,
será porque es reciente,
pero llega julio otra vez
y sigues aquí,
y yo sigo esperando,
no sé si agosto
o a ti,
y vuelves a venir
con esa sonrisa
y esas ganas de hacerme reír,
y, sin que nadie lo sepa,
empiezo a sentir,
y llega septiembre
y octubre
y no queda ni rastro de verano,
pero tú,
sin embargo,
sigues aquí
y yo
cuento los días para verte reír,
y llega el tercer verano,

y llega agosto,
otro que paso contigo,
sin ti,
con nuestras cosas tan particulares,
hechos el uno para el otro,
sin saberlo siquiera.
Pero poco queda de agosto
y sigues aquí.
Espero que te quedes a ver septiembre,
conmigo,
y que sigas sonriendo
octubre y noviembre,
y olvidarme de eso
que es estar sin ti.

Huele a verano

Huele a verano,
a último empujón con los exámenes,
a selectividad a la vuelta de la esquina,
pero qué más da,
pensar en el verano que nos espera
huele a mar,
a playa,
a sonrisas de verano.
Huele a reencuentros,
a ver quién tiene más marca,
a ropa de colores,
a vivir en la calle.
Huele a ese festival que llevas todo el año esperando.
Huele a esa canción de verano
que odias
y que acabarás cantando.
Huele a mucha, mucha música,
a paseos por la playa,
a confesiones tontas,
a noches de tonterías,
a ese chico...
a si este verano, quién sabe...
Huele a desconexión,
a copas que saben a rayos,
a no dormir,
a uñas de colores,
a muchas, muchas pulseras.
Huele a errores justificados con «qué más da, es verano».
Huele a volar lejos,
a ir donde realmente eres feliz,
a largas horas tomando el sol,
a helados a cualquier hora,
a olvidarte del reloj.

Huele a muchas fotos,
a estar más guapos,
a bailar lo que te echen,
a reggaetón saliendo de las ventanillas.
Huele a noches de cine,
a sudadera y pantalón corto.
Huele a vueltas en moto,
a libertad,
a promesas que sabes que no cumplirás.
Huele a ese amor de verano,
a historias para septiembre,
a no dormir,
a coger el mejor sitio en la playa.
Huele a verano.

Para ti…

14 de febrero

Para ti,
porque hoy estás sola,
porque nadie te ha mandado flores
ni te ha regalado bombones.
Para ti,
que odias este día
y piensas que es una chorrada comercial,
pero, joder,
si viniera alguien
y te regalara una rosa.
Para ti,
que odias este día,
que no tienes a nadie que te dé los buenos días.
Para ti,
que bailas sola
las canciones para dos.
Para ti,
que miras desde lejos
y con miedo
lo que conocemos como amor.
Para ti,
que lo das todo
por los demás.
Para ti,
que sonríes antes de dormir
imaginándote las historias que ojalá pasaran.
Para ti,
que estás cansada
de nadar a contracorriente.
Para ti,
que piensas en ese chico que te lleva loca
y que ojalá hoy te dijera que te quiere.

Para ti
que recuerdas los «siempre»
y te arrepientes de los «nunca».
Para ti,
que lo ofreces todo
y te dejan sin nada.
Para ti,
que no eres de nadie.
Para ti,
que no eres perfecta,
que eres mucho más que eso.
Para ti,
que eres arte,
aunque a veces nadie te mire.
Para ti,
que eres poesía
y riendo llenas vacíos.
Para ti,
que no tienes a nadie que te regale una rosa
este jodido 14 de febrero.
Para ti,
que no necesitas a nadie.
Para ti,
que te vas a mirar en el espejo
y vas a sonreír.
Por ti.
Para ti.

Para F

Podrías ser cualquier cosa que quisieras,
tu mente está tan llena que no sabría dónde poner el límite;
sin embargo, sigue ganando el tamaño de tu corazón,
puesto que no conozco a nadie que quiera tanto como tú.
Podrías ser el mejor arquitecto del mundo,
tus construcciones inventadas no tienen precio,
O artista,
tus dibujos son casi tan bonitos como las palabras que usas cuando
los explicas.
Podrías ser psicólogo
por ese don que tienes de hacer sonreír a los que te rodean.
Podrías ser médico,
por tus ganas de ayudar a los demás,
o deportista, por tu enorme constancia.
Podrías ser escritor
por todas las cosas bonitas que pasan por tu cabeza.
Podrías ser bombero,
como siempre has querido,
para salvar a las personas.
Podrías ser cómico,
siempre riéndote y haciendo reír.
Podrías ser profesor,
para enseñarles a los demás a ser como tú,
ojalá hubiera más personas parecidas a ti.
Podrías ser poeta,
con esa alma tan profunda y ese corazón tan sincero.
Podrías ser todas estas cosas y más.
Tengo una inmensa suerte, porque, de todas ellas,
has elegido ser mi hermano.

Cenizas

Para ti, que piensas en lo rápido que pasa el tiempo y que no es un día más, sino un día menos, déjame darte un consejo: viaja, viaja mucho, viaja por el mundo y por tu ciudad, viaja solo y con gente, piérdete, encuéntrate de nuevo, no te quedes encerrado; prueba cosas nuevas, da igual que sea un deporte extremo o ese plato al que siempre le has tenido manía; aprende a comer, disfruta del valor de una cerveza en compañía y de un mojito en verano; lee mucho, lee todo lo que puedas, hay muchos mediocres en el mundo; encuentra algo que te apasione y hazlo hasta el fin de tus días; cree en ti, porque nadie lo hará si no lo haces tú; enamórate mil veces al día, enamórate de todo, de ti; haz muchas fotos, será el recuerdo que tengamos de esos momentos, que nunca volverán a estar igual; escribe, da igual si es una canción, una poesía o una carta, pero escribe, deja una pequeña huella en el mundo; llora, llora cuando algo lo merezca, llora de alegría, llora de pena; ríe, ríe con lágrimas, ríe hasta que no puedas más, ríete con todo y de todo; busca esa película que no te cansarías de ver, esa que te emocione; estudia mucho, estudia algo que te apasione, busca un trabajo que te haga feliz, para no tener que trabajar nunca; viaja, viaja de lujo, duerme en hoteles de 5 estrellas, y viaja a hostales, nunca seas desagradecido; cambia el mundo, de cualquier forma, haz pequeñas cosas; haz cosas por los demás, por los que son como tú y por los que tengan menos; déjate ayudar; sé feliz, todo lo que puedas, y pon tu corazón en lo que hagas, porque o lo das todo o te conviertes en cenizas.

Para V

Era como un rayo de luz, iluminaba con su sonrisa por donde pasaba, andaba con elegancia ganándose todas las miradas.

Era inteligente, por ella sola, no le hacía falta nadie; sin embargo, nunca me alejaba de su lado. Tenía ojos color verde esmeralda, que reflejaba la pureza de su alma. Pasaba como un terremoto por tu vida y nunca te dejaba indiferente, te hacía entender las cosas superfluas de la vida y hacía que pareciera que los problemas no eran tan graves.

Creció a mi lado y pasó de niña a mujer sin que apenas nos diéramos cuenta, tal vez a base de golpes; sin embargo, siempre sonreía. Miraba a su alrededor y se reía de la gente que daba importancia a las cosas banales, su mente era un caos poético del que aprendí a formar parte, a encontrar un reflejo, mi espejo, mi otra mitad. Si te la cruzabas, era inevitable mirarla, puesto que su físico era casi tan impresionante como su alma. Crecí a su lado, viendo cómo cambiaba, y oía los comentarios cuando pasaba, estúpidos, como si supieran lo bonita que era por dentro. Tenía una sonrisa que quitaba penas y era capaz de saber qué me pasaba incluso antes de saberlo yo.

Por ella empecé a escribir y a pesar de pensar que estaba loca, es lo que me ha hecho feliz durante tanto tiempo.

Por eso, queridísima V, tal como te dije, si alguna vez escribía un libro, saldrías en él, aquí está el libro y, aquí, está tu parte.

Para M

Por cogerme el teléfono sea la hora que sea,
por no irte a dormir nunca sin saber si estaba bien,
por ser siempre cariñosa a tu manera,
por confiar siempre en mí,
por perdonarme siempre,
por tener fe ciega en mí,
por anteponer a los demás antes que a ti siempre,
por ser el ejemplo de amor verdadero
que el mundo se empeña en que ya no existe
y tú me enseñas cada noche que cualquiera a nueve números de distancia no está tan lejos.
Por ser tan fuerte,
porque no te ha temblado nunca la voz por muy mal que estuvieran las cosas,
porque nunca se ha apagado el brillo de tus ojos, ese por el que lucho cada día,
porque nunca nos ha faltado de nada,
porque has querido compartir tus años jóvenes conmigo,
por poder darte todas las noches un beso de buenas noches,
por enseñarme a decir te quiero de forma sincera,
porque ojalá tuviera tus ojos,
tan brillantes,
tan vívidos,
porque ojalá tuviera tu fuerza, tu clase, tu forma de andar.
Por creer en ti,
por ser capaz de todo,
porque eres el motivo que tengo para seguir hacia delante
soñando con devolverte todo lo que has hecho por mí,
luchando porque te sientas orgullosa de mí.
Por ser el aliento que me da fuerza cada día.
Por ser mi madre,
y la mejor de todas.

Para R

No sé si es el brillo de tus ojos
o tu forma de reír.
No sé si es tu gracia
o la fuerza de tu andar.
No sé si es la forma en que me miras
o cómo te miro yo.
No sé si es tu magia,
tú fuerza
o tus ganas de vivir,
o la felicidad que trajiste contigo
desde el primer día.
No sé si es por ese abrazo que me calma
a pesar de no saber nada,
o porque entre esos bracitos
cabe tu alma entera.

Porque busco cada día ser mejor
para darte buen ejemplo
para que sigas siendo eso que yo nunca pude ser.

Por que sigas siendo magia
toda tu vida,
y que nada
ni nadie
se atreva a cambiarte.

Para B

Apareció por mi vida como un bote salvavidas
cuando menos esperaba,
pero más necesitaba.
Nunca he sabido en qué momento en que se hizo tan importante para mí,
pero sé que no quiero que se vaya nunca
porque fue salvavidas
en mitad de la tormenta,
en una batalla que creía perdida.
Éramos polos opuestos
que se completaban a la perfección.
No sé qué habría sido de mí
sin ese toque de locura
que siempre ha aportado a mi vida.
Era pura rebeldía
y ella lo sabía,
y sonreía.
Era fuerte
y cerrada
hasta que me dejó conocerla.
Cuántas cosas pasamos juntas,
era todo lo que yo no,
se reía de mi inocencia,
de mis comentarios de niña pequeña.
Espero que esté siempre
y seguir oyendo «la última y nos vamos»,
y que suene *Princesas*
y cantarla a pleno pulmón
con una sonrisa,
mano a mano,
ahora sí,
sonríe.

Para C

No se puede hablar de mí sin hablar de piedras, piedras que me he encontrado en el camino, piedras grandes o pequeñas, con las que me he hecho grande.

Piedras que han hecho que odiara el colegio, piedras que han hecho que me sintiera sola, piedras que han hecho que me sintiera en el desierto aun estando rodeada de gente, ha habido piedras, muy largas, llamadas distancia, esa piedra se llevó a mi padre, se llevó a una persona que fue salvavidas en la tormenta a la otra punta de España, piedras que han sido personas, que me han hecho derramar más lágrimas de las que creo que me quedan por derramar, ha habido piedras, sí.

Tampoco se puede hablar de mí sin nombrar a mi madre, ojalá tuviera palabras para agradecerle todo. No se puede hablar de mí sin nombrar a mi padre, quien me conoce sabe lo que lo quiero. No se puede hablar de mí sin Vero, que ha sido hogar, refugio y rescate; nos queda mucho por vivir. No se puede hablar de mí sin mencionar a mi abuela y su sonrisa inagotable, a mi abuelo y su eterna alma joven, a mis tías Cata y Pati por ser tan importantes para mí, a Rita, por querer ser como yo, no sabes todo lo que me has enseñado, gracias por salvarme del mundo, a Felo por tener el alma tan grande como tu sonrisa.

Es verdad que ha habido piedras, y no pocas, pero he tenido salvavidas y gracias a eso me he hecho fuerte. Mamá, ahora te lo digo, me gusta mi nombre, es fuerte, como yo, Catalina.

Epílogo

Este libro es la historia de la tormenta, el naufragio y la llegada a tierra.
Es la soledad de una pérdida,
el llanto ahogado en la almohada antes de dormir,
el sabor a óxido en el paladar después de vomitar por no querer ir al infierno,
es la soledad de la niña que almuerza en el baño,
la que llora al llegar a casa,
la de las zapatillas de purpurina.
Es el refugio de escribirle las penas al papel porque así ya no estaban tan dentro.
Es el «todo va a salir bien» de mi padre,
es el «solo quiero una amiga» que le respondía.
Es la lenta cuenta atrás de los días pensando que se harán más cortos,
como el que mantiene la mirada fija en el reloj
pensando que así pasará el tiempo más rápido.
Es el momento de salvavidas,
cuando todo empieza a salir bien,
cuando aparecen en mi vida los botes que me hacen salir a flote.
Es la salida de emergencia.
Es el destino del viaje que esperas con tantas ansias.
Es el final de una etapa
y el comienzo de otra.
Es mi vida en letras
que podréis olvidar.
Sin embargo,
aquí escritas,
serán eternas.

Agradecimientos

Con 17 años tienes mucho que agradecerle a la vida y, a pesar de que ahora vayas a leer muchos nombres que seguramente no conozcas, han sido necesarios para que tú ahora mismo estés leyendo esto.

Gracias a mis padres por hacer este sueño realidad. A mi madre, por ser tan buen ejemplo, por verme siempre como la persona que estaba destinada a ser. A mi padre, por enseñarme el mundo, por compartir la vida y el arte conmigo.

A mi abuela Mari Carmen, ojalá pudiera escribir aquí todo lo que tengo que agradecerte. A mi abuelo Fede, porque si lee hasta aquí se me cumplirá un sueño. A los dos por ser una parte fundamental en mi vida.

A mi tía Cata, ojalá acabar siendo como tú, gracias por representar la vida que espero algún día conseguir. A mi tía Pati, por escuchar siempre cualquiera de mis tonterías y enseñarme que con esfuerzo todo se consigue.

A Vero, por ser hogar.

A Blanca, por ser un bote salvavidas en una tormenta que daba por perdida.

A Mar y a Renata, por ser tan como yo, por hacerme reír tanto y por darme recuerdos para toda la vida, esto ya es para siempre.

A Laura, por hacerme seguir creyendo en las personas.

A María, a Ana, a Clau y a Carlota, por escuchar tantas veces mis historias tropezando con la misma piedra.

A las K, por acogerme tan bien.

A Pablo, a Jordi y a Nacho, por soportar que nunca haga caso a ninguno de vuestros consejos y defenderme siempre.

A Paco.

A la persona que me ha inspirado tanto, de la cual me quedan los recuerdos.

A Javier Aznar, por hacerme llorar ginebra y desear ser algún día como Mafalda.

A todos los que nunca creyeron en mí, porque me hicieron seguir con más ganas.

A los que intentaron hundirme, porque me sirvió para coger impulso.

A todas las personas que me han hecho sufrir, porque me han hecho ser quien soy hoy.

A todo lo que me vacía el alma, porque ha sido inspiración.

A todos aquellos que en algún momento me han dicho lo identificados que se sentían con mis textos, con mi vida.

A los que me han dicho alguna vez que les tocaba el corazón.

A los que creyeron en mí, a los que vieron más allá de las apariencias.

A los libros que en algún momento me han salvado del mundo.

Al arte, por salvarme de la vida.

A todos aquellos que me han escuchado hasta vaciarme el alma.

A todas mis amigas que se han tirado tardes y tardes leyéndome hasta conseguir que esto fuera posible.

A ti, que estás leyendo esto, que sin ti no podría haber cumplido mi sueño. Gracias, una y mil veces gracias.

Printed by Amazon Italia Logistica S.r.l.
Torrazza Piemonte (TO), Italy

11152347R00059